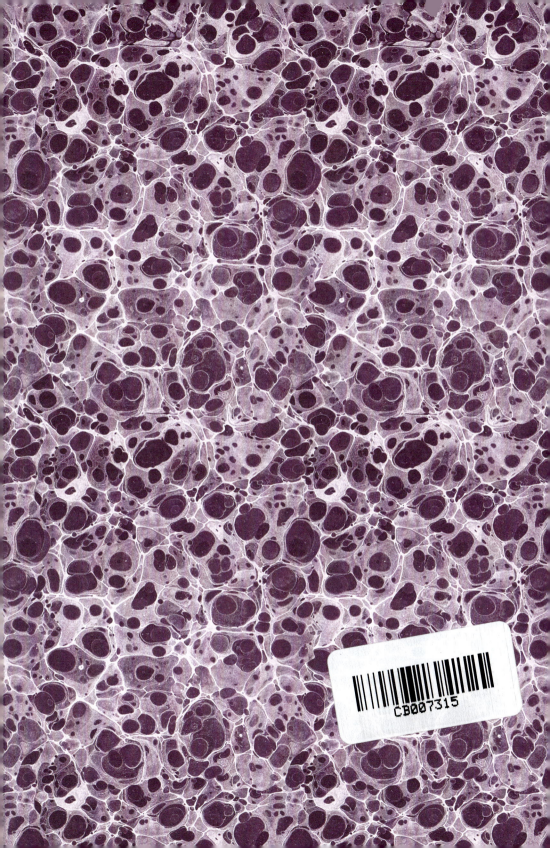

Copyright © 2011 Antonio Barreto
Ilustrações © 2011 Diogo Droschi

Edição geral
Sonia Junqueira (T&S - Texto e Sistema Ltda.)

Projeto gráfico
Diogo Droschi

Revisão
Ana Carolina Lins

AUTÊNTICA EDITORA LTDA.
Editora responsável
Rejane Dias

Rua Aimorés, 981 – 8º andar
Bairro Funcionários
30140-071 – Belo Horizonte – MG
Tel: (55 31) 3222 68 19
Televendas: 0800 283 13 22
www.autenticaeditora.com.br

Revisado conforme o Novo Acordo Ortográfico.

Todos os direitos reservados pela Autêntica Editora.
Nenhuma parte desta publicação poderá ser reproduzida,
seja por meios mecânicos, eletrônicos, seja via cópia
xerográfica, sem a autorização prévia da Editora.

N. E. Os poemas deste livro foram publicados pela primeira
vez, sob o mesmo título, em 2003. A presente edição é
inteiramente nova.

Dados Internacionais de Catalogação na Publicação (CIP)
(Câmara Brasileira do Livro, SP, Brasil)

Barreto, Antonio
  Vagalovnis / Antonio Barreto ; ilustrações Diogo
Droschi . – Belo Horizonte : Autêntica Editora,
2011.

  ISBN 978-85-7526-527-7

  1. Literatura infantojuvenil I. Droschi, Diogo. II.
Título.

11-00977   CDD-028.5

Índices para catálogo sistemático:
1. Literatura infantil   028.5
2. Literatura infantojuvenil   028.5

ANTONIO BARRETO

VAGALOVNIS

ILUSTRAÇÕES **DIOGO DROSCHI**
A PARTIR DE CONCEPÇÃO DO AUTOR

autêntica

Para Mariline, Marina, Júlia e Anna – estrelovnis.

Marcelino, Ângelo, Rubens e Pedro – passarovnis.

Às duas sereias Larissa e Aurora, nesse luaral sem fim.

EMBARQUE, ESCALAS, PARADAS, BALDEAÇÕES...

- VAGANUMES/ 9
  - SONHO DE RÃ/ 10
- MILAGRE/ 11
  - NAVE-MÃE/ 12
- BERENICE/ 14
  - AS DUAS SEREIAS/ 15
    - O OUTRO/ 16
- INICIAÇÃO DE PÁSSARO/ 17
- DELICADEZA/ 18
  - CONFIDÊNCIA/ 19
- FIM DE PÁSSARO/ 20
    - PEIXUMES/ 21
- LÁGRIMA DE PEIXE/ 22
  - FALA DE PEIXE/ 24
- ARANHOL/ 25
  - SURREALISMO/ 26
- SURREALESMA/ 27
- MIRAGEM/ 28
  - VAGALOMEM/ 29
- OVOLUÇÕES/ 30

- INVOLUÇÕES/ 31
- UTOPIA/ 32
  - VAGALOVNIS?/ 33
- LONGELUMES/ 34
  - COLÍRIO/ 35
- GRILUME/ 36
- CHUVARÉU/ 37
- LÁGRIMA/ 38
  - QUE ASSIM SEJA/ 39
  - ROUGE/ 40
- AMORES/ 41
  - ORANGE/ 42
  - NAJA/ 43
- DESDESERTOS/ 44
  - FURACÃO/ 47
- DE REPENTE, / 48
- AGORA, / 49
  - DEPOIS, / 50
- A ESTRELA/ 51
  - CLAVE DE LUAR/ 52

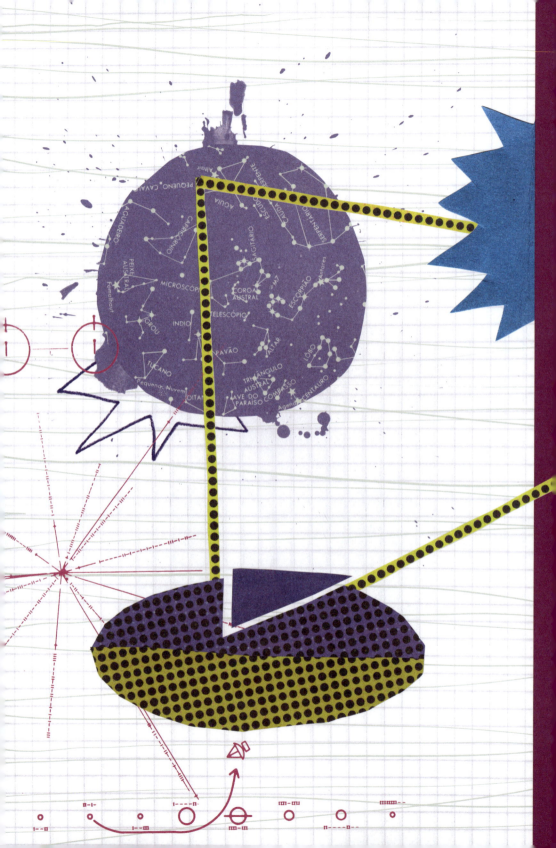

VAGANUMES

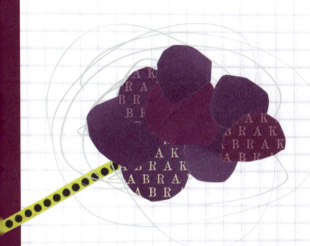

no lago
de lã
divagam
milumes
de vagalumes

devagar
em numes
sapalumes
coaxam
seus nomes
e prenomes

na margem
do céu
martelam
entre
telas
arandelas
de estrelas
que desistem
de ser estrelas:

desestrelas
de
pedra-pomes
sem nuvens
sem pronomes

SONHO DE RÃ

(logo
o galo
engolirá
o ar da
noite
vã)

mas tonta no lago
estremelece
ainda
túmida
a memória
de uma rã

ela já não sabe
sua sina de saltar
ela já não sabe
que destino
vai bailar

nessa noite
de ovnis
e vagalovnis

e aí?
que será?
que acontecerá?

alguém
um ovo
vai

ovar?

MILAGRE

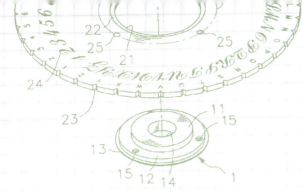

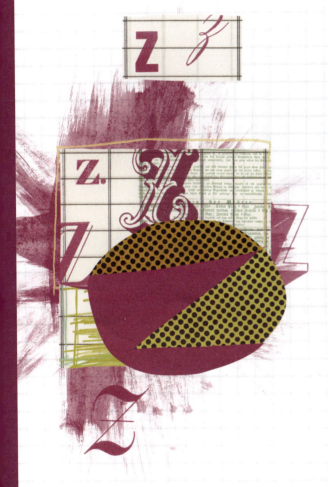

no atlas extraterrestre
as zabelhas zinem
no globo extraceleste
os zouvidos
zouvem
no mapa extramarítimo
os peixes
peixam

e
no vidro
do lago
de ouvidro
pousam
milhares
de vagalovnis

quem são vocês?
quais suas histórias?
quem somos nós?
quem seremos?
para onde
vi
veremos?

como? por quê?
quando?
vocês
vão
nos
buscalevar

?

NAVE-MÃE

suavemente
          a luz
      luzóvine
da luzinave
   ovovni
luzila sobre tudo
    que se move
                        enorme
                                enorme
                enormemente
        enorme
mornamente vai desovando
no ar
suave

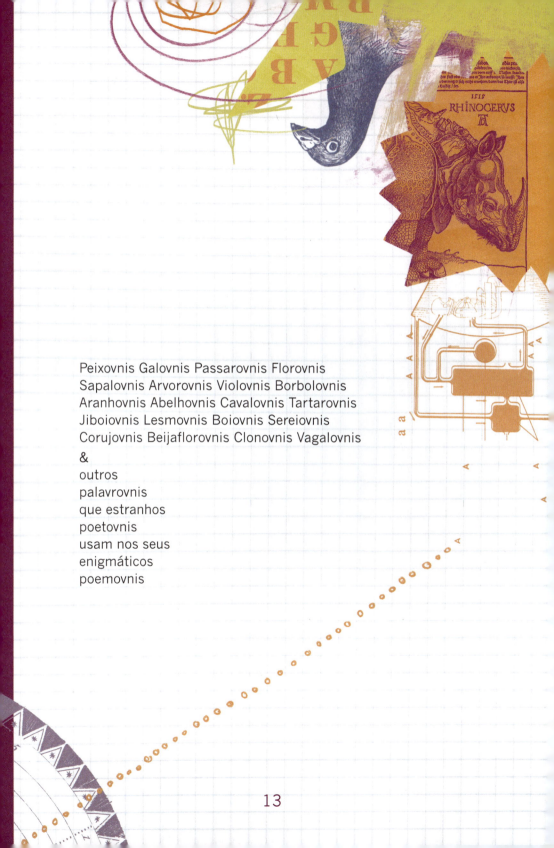

Peixovnis Galovnis Passarovnis Florovnis
Sapalovnis Arvorovnis Violovnis Borbolovnis
Aranhovnis Abelhovnis Cavalovnis Tartarovnis
Jiboiovnis Lesmovnis Boiovnis Sereiovnis
Corujovnis Beijaflorovnis Clonovnis Vagalovnis
&
outros
palavrovnis
que estranhos
poetovnis
usam nos seus
enigmáticos
poemovnis

BERENICE

alheia a tudo isso
no entanto
Berenice corre
entre as flores
atrás de uma bela
e rara
borboleta azul

de repente o mundo some
Berenice espera

a borboleta pousa
sobre a pétala
de uma margarida

Berenice prende
a respiração
e um pensamento voa
entre suas mãos em concha

qual será o gosto
da cor que foge?
o sabor do céu?

Berenice come
a cor azul

AS DUAS SEREIAS

no luaral de Laralua
Aurora chora
lágrimas de luz

a lua é uma pintura
no varal de música
do horizonte sem fim

e para lá do além
do além-mar do mundo
soluça Laralua
que se perdeu do mar

é uma sereia morena
que de tão pequena
foi morar nos olhos
de um peixinho em fuga

e toda vez
que esse peixinho chora
Luaurora enxuga
seus olhos com o luar

e a outra sereia
por nome Laraurora
por ser mais serena
foi morar nos olhos
de uma tartaruga

e toda vez
que a tartaruga a nina
Aurora ensina
Laralua a nadar

O OUTRO

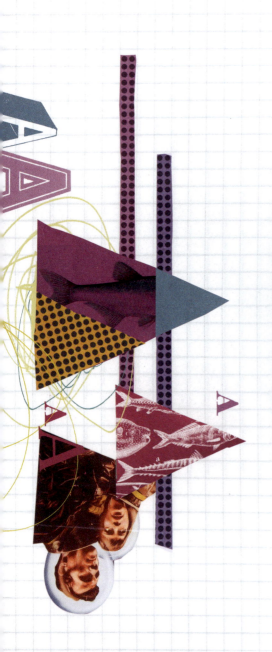

o peixe que ri do homem
(na canoa)
vai se peixar noutro lugar
(lagoa)
e o rio que vai pro mar
(caçoa)
cachoeira de veludo e prata
(na proa)
o homem que em sua gaiola
(não voa)
canta saudades na viola
(a patroa)
e o outro que de cada um
(escoa)
pelo ralo de luz da lua
(abençoa)
e se transforma noutra coisa
à toa...

só o pássaro
é que não vai embora
na hora

apenas tem penas do homem
que chora
por não ser outra pessoa

INICIAÇÃO DE PÁSSARO

pessoa de pássaro
se inicia
pela pena
não pelo ovo

pessoa de pássaro
evola
sabe que voa e sola
seu canto
em qualquer lugar

pessoa de pássaro
decola
se desloca no ar
depois
se desassombra
do homem
onde no homem
sobram
sombras de seu penar

por vezes o pássaro
se descola
do céu grudado no mar
se desgalha
se desgaiola
de seu próprio
coração

mas pássaro
que é pássaro
sabe:
é melhor um pássaro voando
que dois pássaros no chão

17

DELICADEZA

tarde
atrasada
cai

a jato
um beija-flor
que já tinha
ido
embora
volta

e
cochicha
no ouvido
da flor:

"te amo,
senhora."

CONFIDÊNCIA

noite
alisando
a folha
da tarde
que arde
de paixão

entre
musgos
de música
a cigarra
se evapora
no ar

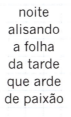

deixa
na folha
apenas
uma
história

que o vento
ainda
não
sabe
contar

FIM DE PÁSSARO

pálida
a crisálida
cálida na palma
esquálida da folha
que orvalha a sede
do sol e a fome
do pássaro
no bico
brusco um tiro certeiro no espaço derradeiro de selva: clareira
desfolha-se em pétalas de penas as palhas de aço da bala
que espalha seu voo de régua na relva: ex-selva
desértica
agora
aqui jaz
crispada
rutilave
alvinútil
avealma
inválida
de
ex-pássaro

imóbile

PEIXUMES

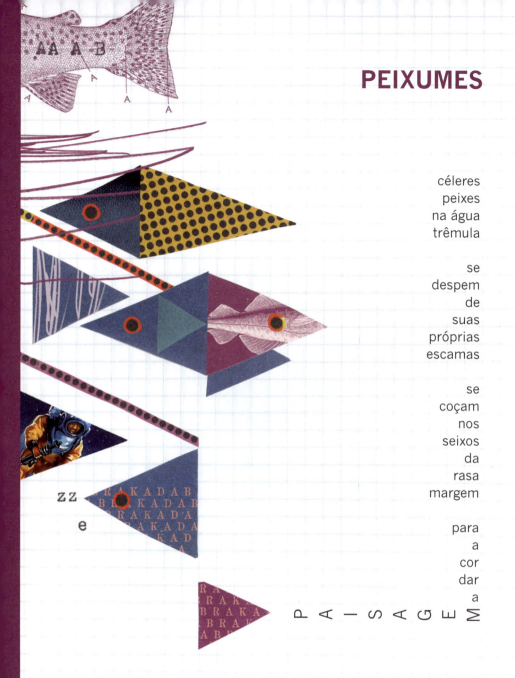

céleres
peixes
na água
trêmula

se
despem
de
suas
próprias
escamas

se
coçam
nos
seixos
da
rasa
margem

para
a
cor
dar
a
P A I S A G E M

LÁGRIMA DE PEIXE

aranzol aranzol aranzol aranzol aranzol aranzol aranzol
l
i   quem sabe
n
h
a   ?
n
z
o   1
l
i   peixe
n
h   que na água chore
a
n   que na água chore
z
o
l   que na água chore
¿

NUVENS

que separem sua

lágrima

da linha
arisca

do homem que recolhe
a isca alinha
carretilha
chumbada
e o PEIXE
que belisca
o olho
da estrela
que cisca
no céu
seu
aranzelaranzelaranzelaranzelaranzelaranzelaranzelARANZEL

FALA DE PEIXE

linha

carretel

dedal

retrós

poetas são peixes
que perderam a voz

no ar
hoje em dia

o silêncio

tem várias

formas

de nadar

nadar

nadar

nadar

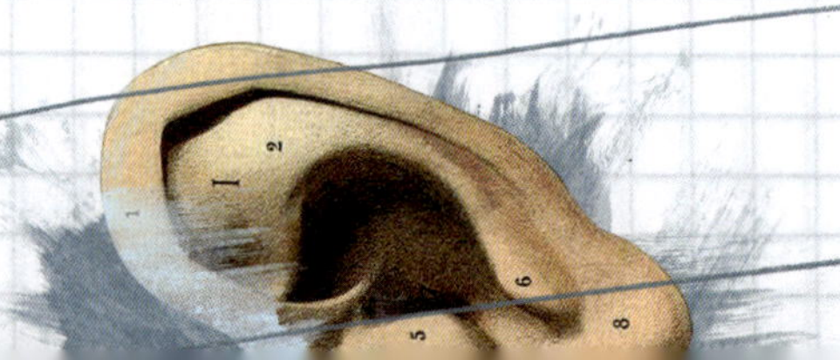

ARANHOL

aquilo que a palavra ave:
avia
é o mesmo que a palavra peixe:
pesca
é o mesmo que a palavra aranha:
mescla

na malha da terra com o céu:
notícias
na malha do mar com o sol
arestas
e esse aranhol
de rimas
surrealistas

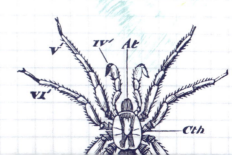

SURREALISMO

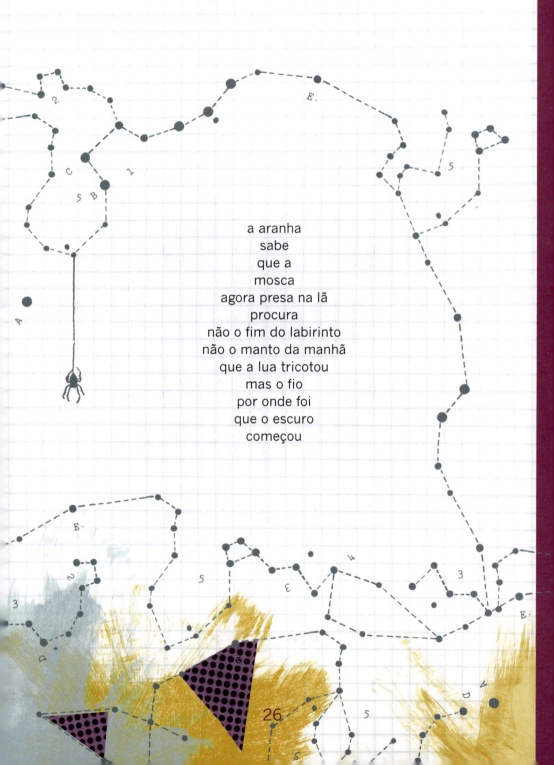

a aranha
sabe
que a
mosca
agora presa na lã
procura
não o fim do labirinto
não o manto da manhã
que a lua tricotou
mas o fio
por onde foi
que o escuro
começou

SURREALESMA

a aranha
pensa que a
lesma
agora presa na lã
procura
não o fim do labirinto
não o manto da manhã
que ela mesma tricotou
mas o fio
por onde foi
que essa lua
em si mesmou

MIRAGEM

luz que empresta luz
à própria escuridão

paz que lusquefuz
e se derrete
      em solidão

retorno azul
      do mundo
ao seu estado
      de mutismo:

o remundado mundo
remendado
      retornado
ao seu estado
      de batismo:

peixe que não nasce
      para pescar
      um outro peixe

homem que não nasce
      para ser
      um outro homem

VAGALOMEM

mas
de que ovo
sairá
o milagre
da recriação
do homem?

de que clomem
virá o clone
do clonomem?

de outroclone?
de outronome?

de outromem
na
manhã
de
outramanhã?

no lago
de alúmen
zonza
agora
espairece
a memória
de um pequeno
homem-rã

mas uma coisa falta...
algo está errado
nesse minuto
diminuto...

OVOLUÇÕES

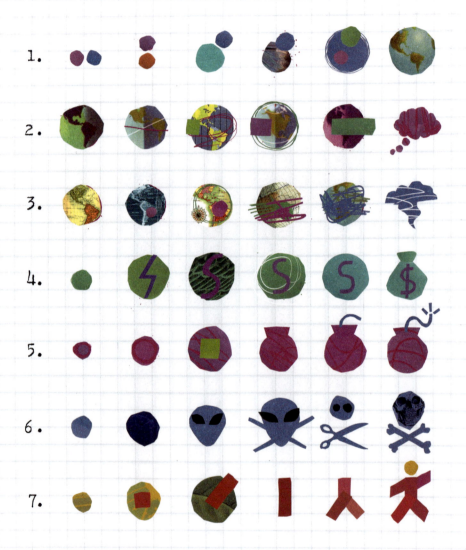

INVOLUÇÕES

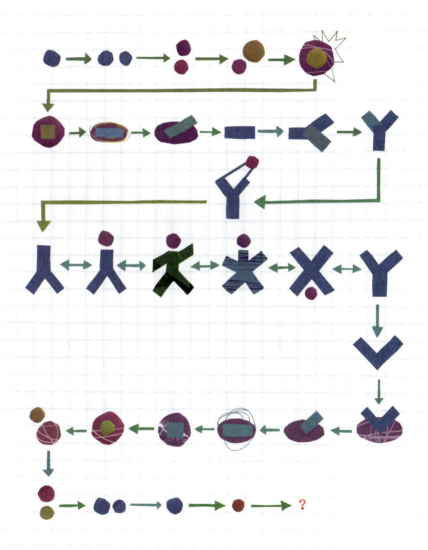

UTOPIA

é óbvio
que ovo
de ave
um dia
gora

um dia
agora
suave
nem tanto
quem sabe
o homem
SE AVE
SE ALVE
SE SALVE

talvez
se mire
no alvo
de si
mesmo

se mesme
óvulo
de alma
móbile
e
sutilave
de bom
agouro
se love
se ouce
se louce

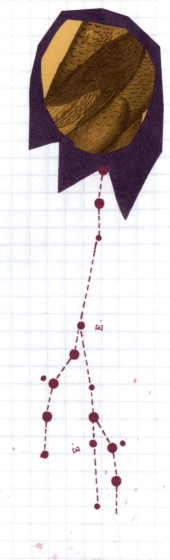

se lovni

VAGALOVNIS?

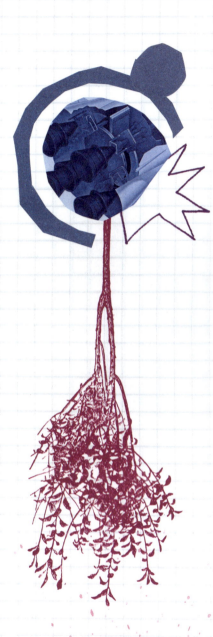

que será?
que acontecerá?
agora que alguém
no céu
soletra
o sol?

quando será
que os poemas noturnos
de Urano
de Netuno
vão pintar?

há mil abelhas lá
alá!
zum... zim... zom... zim...

quando será
o minuto elétrico
o hipotético
instante
milimétrico
em que esse
milagre
poético
acontecerá?

LONGELUMES

além do lago
alguns cavalos
em galope
dialogam
com as fadas

diademas de vitrilhos
cristilam
suas crinas
de vibrilhos
nas estradas

voliventos
sussurrantes
redeslizam
seus segredos
de anteontem
sobre as calvas
copas
das árvores

corcorujas corrupiam
coruscantes
de frio
no friogel
do rio

e
gotamente
o xuá da chuva
em seus pistilos
cristaliza acrílicos
dentro da noite
lacrimejante

de grigrilos

COLÍRIO

incrível
esse grilo
que espalha
na noite
suas pilhas
de fogo

e logo
em seguida
instila
no olho
da coruja
uma estrela
que entre palhas
se estribilha

e depois
resvala
nas águas
retalhos
de rútilas
pupilas
anáguas
e

pingo a pingo
faz com que as
duas chorem
seus borralhos
de ilusão

GRILUME

inescrevível
esse grilo
que
de hora
em hora
estende
um lençol
de lágrimas
no coração
da chuva
caindo
sobre os lírios
da paz

e faz
com que
duas
estrelas
então
crepitem
dentro
do meu
coração

CHUVARÉU

mas se essa chuva... chuvininha
vai caindo de mansinho, vai chu
vindo de fininho...vai chuindo
chuvindinha...vai chuindo
vai chuindo...vai chuvindo
como a chuva do chuveiro
(até virar um chuvaréu)
onde ficam os furinhos? de
onde pingam as gotinhas que gotejam gota a gota
do chuveiro lá do céu?

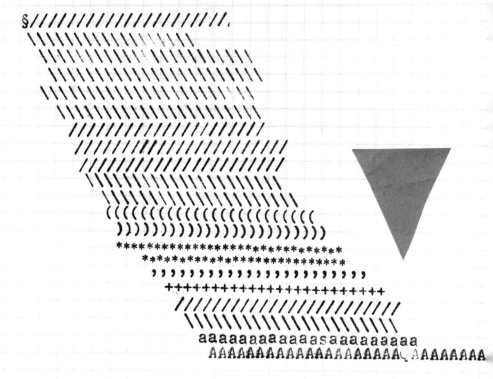

LÁGRIMA

no olho do sol
moram
palágrimas
que caem
dos lábios
da estrela d'água

o grilo
crepita suas mágoas
na folha da lua d'alva

molhado de máculas
em seu lençol
de lástimas
o poeta
agora
se destila

QUE ASSIM SEJA

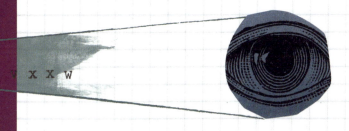

talvez quem saiba
uma estrela não nos veja

tal
vez
quem saiba
um peixe na água chore

ou
simples
mente
derrame
sua última lágrima
na noite que boceja

assim quem sabe talvez
não possa
quem haja
tanta distância
de ilhas entre nós
ilhós
e esse sol que se pespõe
entre

a foz
do mar e o rio
que nos beija

ROUGE

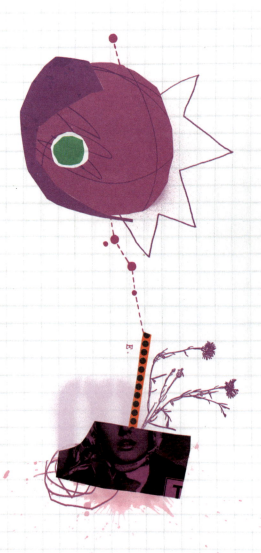

pois
assim estão
as coisas
isentas
de suas próprias
coisas

lavadas
de suas outras
coisas

no varal de roupas
um fio
de estrela
furiosa
bate
suas meias
três quartos

no entanto
no tanque
vidroneon das nuvens
a torneira
úmida
da lua
vagalúmida
toca seu fole
num bandoneon
de garfos

e

na camisa
da noite
preguiçosa
escorre
um resto rosa
de batom

AMORES

sapos choram
porque não podem
namorar a lua

estrelas piscam
porque não podem
flertar com o sol

ventos sussurram
porque não podem
namorar as flores

ORANGE

Clorofila:
papagaio
que se desfolha

fotossíntese:
folha
sólida
que oranja
o verde
das magnólias

óleo
que se derrete
em manchas
de sol
laranja

antes que alguém
veja
a tarja
negra do deserto
nos olhos
amarelos
de uma naja

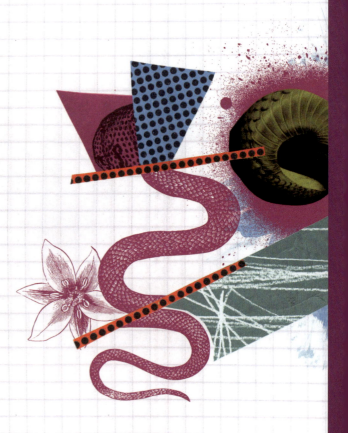

NAJA

a
naja
sabe que
tod**o** **o**lhar
empresta luz
à paisagem
a naja
sabe
que
todo
gesto
empresta
giz à mão
que escreve
em seu deserto
no entanto todo
verde empedra
limo em todo
oásis na vertigem
na verdigem da
miragem
a não
ser
que
nada
haja em seu olhar além de sol e solidão

DESDESERTOS

tudo
aquilo
que se diz
ou se desdiz
a respeito do
olh**O O**lhar
da naja
empresta
luz
à
escuridão
a não ser
que a naja
mude
sua
própria
direção
ou se ele
de repente
em novelos
de música e flaute
sua própria
música:
é certo:
todo silêncio de deserto empresta rumo aos destinos
da aflição
todo deserto empresta medo às tempestades que virão
a não ser que a naja nade
a não ser que a naja aflore
a não ser que a naja dance
no ventre de Sherazade
a história da tempestade
que arde no olho de jade
da paisagem que viaja no olho do furacão

FURACÃO

toda naja também sabe que um deserto só começa pelo vento
que há na pedra pela música que há na pedra pelo grão que areia
o vento que avenaja no deserto que viaja em doce flauta pelo
oásis verdeserto que decerto deveria haver no ar a ver
navios bem por perto da miragem se evolar
e um harém de algaravias nas retinas
absurdas de infinitas caravanas
que ela ainda quer olhar
antes que outra naja ataque
antes que outra tarde passe
antes que outra flauta timbre
em seu ventre os venenos
de luz tornada em treva:
esse tornado de breve
e louco realismo que
num instante de im
preciso rumo acaba
de subir ao paraíso
acaba de esburacar
o céu acaba de ar
redondear a terra
acaba de abraçar
o mar acaba de esburacar
a si mesmo e acaba finalmente
caindo no espelho de seu próprio e circunscrito

abismo

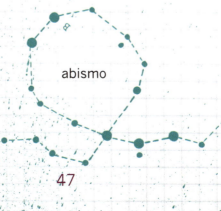

DE REPENTE,

porém,
um chover de pedra
entre limusgos e queliquens
de repente, sosselva-se a vida
verdigesta
entre os vértices da vertigem

há um chorar de árvore
caída
nessa chuva árdil
de vertical caligem

há um virgir de horizontal
cal
virgem
na enxurrada
que sua

aí,
na cama da lua
escorre
a lama
da selva
lágil

encurralada
de árgilas
chuvigens
e
presságios

AGORA,

entre aspas
sopram os ventos
da interrogação

nos ares
sobre as bolhas
da chuva
de sabão

saúvas
saúvam inter-
rompendo
a procissão
da água
atrás da água

vejam:
paralém do além
do além-mar da lua
há um réptil
com sua cauda
em til
~~~~~~~~~~~~
e um titiu
que late
e alua
depois da lua:

alá ele lá!

DEPOIS,

percebam,
naves desconhecidas
pousam
escondidas
sobre os mililíquidos
campos
de vitórias-régias

e no lago
de lã
dos vagavumes
divagam
longenumes
de vagalumes

de vagar
em nomes
sapalumes
coaxam
sobre os sonhos
de uma rã

e vagalomens
com seus prenomes
de vagalovnis
esperam
pelo milagre
de
amanhã

A ESTRELA

contudo,
depois
da aurora,
uma estrela vai embora
como quem desiste
de repente
de ser assim
extraterrestremente
irmã

e um cavalo
em galope
pelo calmo campo
dessa lã
relembra:

alguma coisa
duvidosa e bela
(além do galo)
(além da rã)
deve haver
na goela

da manhã.

CLAVE DE LUAR

boia
então
a aleluia da lua na morna
demora das coisas

em grandes doses bebe
o sossego azul, depois,
na pressa tão depressa

tonta:
espairece e apaga o fogo
das horas no relógio
dos cupins

traças. borboletas.
larvas. curumins.

e essa lua
pela metade

tudo
no éter
da dança
eterna
da eternidade

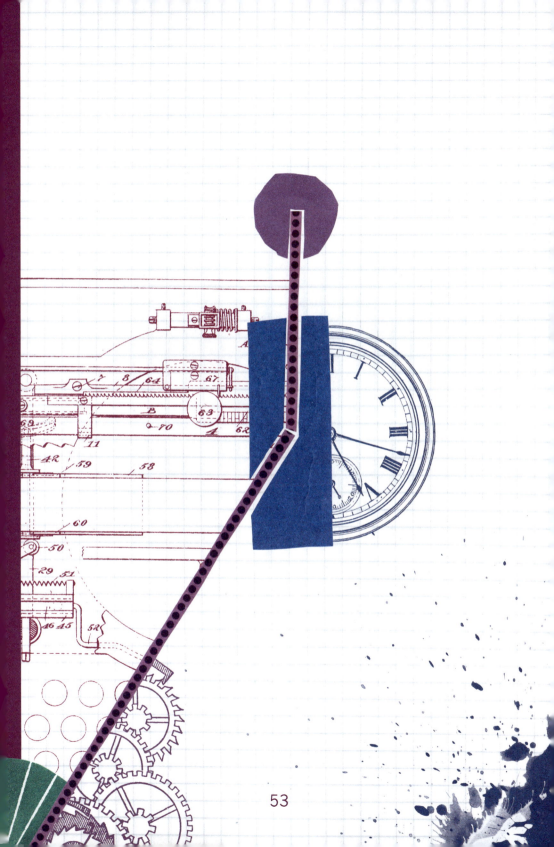

O AUTOR

Nasci em 1954, em Passos (MG), lugar onde fiz minha primeira pergunta importante: *por que vim?* Depois, mudei-me para Belo Horizonte, onde estudei História, Letras e, por artes de sobrevivência, acabei me tornando projetista de Engenharia Civil. Nessa profissão, ajudei a construir edifícios, pontes, estradas e ferrovias no Brasil e no exterior, tentando descobrir outra coisa importante: *para onde vou?*

Há alguns anos, resolvi encarar a literatura. Comecei a escrever poemas, contos, romances, novelas, crônicas e literatura infantojuvenil. Livros que me valeram prêmios importantes. Também gosto de desenhar, fazer colagens e experiências visuais com palavras e imagens. Como os rascunhos que concebi para este livro, agora tão belamente recriados pelo Diogo Droschi.

Pra mim, *Vagalovnis* foi um poema-revelação, desses que só acontecem uma vez na vida.

Num anoitecer, eu descia de automóvel a Serra da Moeda, quando vi lá embaixo, no vale já quase imerso em sombras, uma luz imensa, intensa, esverdeada. Percebi que a luz pisca-piscava e se movia lentamente sobre a copa das árvores, de um lado a outro. Parecia um tapete coberto de estrelas vivas. Ora verdejantes, ora arroxeadas, lilases, amarelas...

Arrepiado, tentei formular explicações lógicas, ou quase: *ovnis? Miniovnis* reunidos em torno de uma nave-mãe? Uma nave-mãe "desovando" seus filhotes? E lá estava ela, sobre o ponto exato onde, anos antes, eu havia construído minha pequena morada, uma casinha de madeira, para buscar nalgum silêncio as palavras que não consigo no barulho da cidade grande.

Desci correndo a serra. Quando cheguei, tudo havia desaparecido. A casa, totalmente intacta: no lugar de sempre. Fiquei apenas com a sinfonia dos grilos, das rãs, das corujas e outros pássaros noturnos. Depois, quando o vento me trouxe de longe o cantar de um galo, o latir de um cão e, com a chuva, o relinchar de um cavalo em galope, pensei: vou escrever isso...

Passei a noite toda em estado de êxtase extraceleste, tentando combinar palavras e lembranças que pudessem *et'nizar* em mim a ilusão de que – pelo menos por um minuto – o vagalume da **et**ernidade havia me visitado. Na verdade, ele ficou pousado na minha mesa a noite toda, iluminando e respondendo – com sua lanterninha de pilha fraca – os *vagalovnis* que brotavam das folhas de papel-pergunta. Estas. As eternas interrogações.

Ovnis existem? Não sei. *Vagalovnis*? Sei que sim, porque só sou o que sou porque assim me foram, naquela noite e para sempre. Como as pessoas que passam (ou que ficam) pela vida afora.

A vida? No fundo é só isto: fazer perguntas a um vagalume. E esperar pelas respostas nalgum desses momentos de revelação.

O ILUSTRADOR

Nasci em 1983, em Belo Horizonte (MG), onde me formei em Design Gráfico pela UEMG e em Artes Gráficas pela Escola de Belas Artes da UFMG e onde conheci minhas grandes paixões: a tipografia, a ilustração e o design editorial.

Participar deste *Vagalovnis* foi um momento raro, em que pude trabalhar livremente com tudo isso para dar a cara a um livro.

Além de uma gigantesca honra, foi certamente uma aventura incrível, repleta de desafios e descobertas. Para explorar esse universo único, proposto de maneira genial pelo Antonio Barreto, me muni de antigos livros de astronomia, biologia, *posters* de filmes de ficção científica, papéis coloridos, tesoura, cola, tinta e até uma velha máquina de escrever, já há tempos esquecida – além, é claro, de uma boa dose de Photoshop. Coloquei tudo isso na mochila e aceitei o convite: fui vagar, página a página, entre os poemas do Barreto. Espero que você também faça uma belíssima viagem.

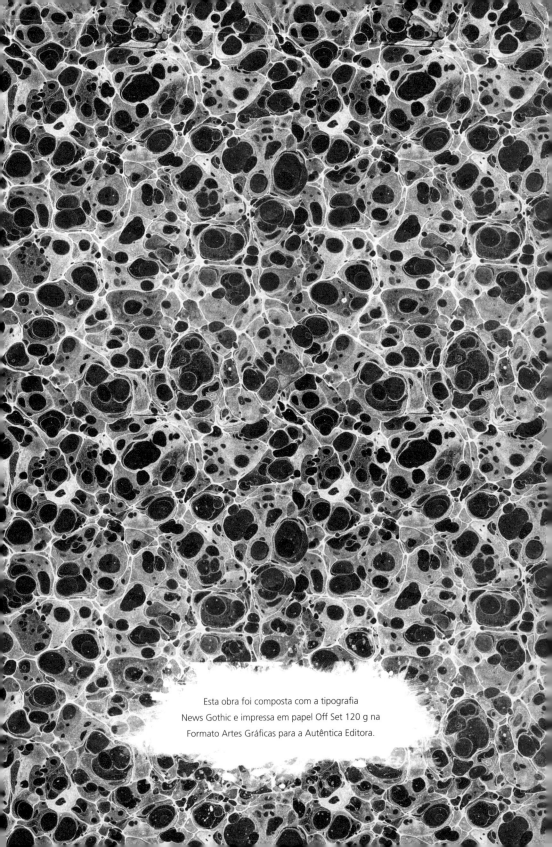

Esta obra foi composta com a tipografia
News Gothic e impressa em papel Off Set 120 g na
Formato Artes Gráficas para a Autêntica Editora.